AF542841

ORAISON FVNEBRE, SVR LE TRESPAS DE FEV MONSEIGNEVR LE MARESCHAL DE Schomberg.

Prononcée en l'Eglise du Prieuré de Nantheuil, le iour de son enterrement.

Par Mre. C. F. d'Abra de RACONIS, *Docteur en Theologie, Conseiller & Predicateur ordinaire de leurs Majestez.*

A PARIS.

M. DC. XXXIII.

A MONSEIGNEVR LE DVC D'HALLVVYN PAIR de France, Comte de Nantheuil & de du Restal, Marquis d'Espinay, Lieutenant de la Compagnie des cheuaux legers de la Garde du Roy, Colonnel des Reistres, Grand Mareschal de Camp des trouppes de gens de pied Allemandes & estrangeres, Gouuerneur & Lieutenant general de sa Majesté en Languedoc, ville & citadelle de Montpellier.

MONSEIGNEVR,

Si i'eusse autant consideré l'interest de ma reputation, que celuy de mon obeissance, & du desir que i'ay eu de tesmoigner au public la part que ie prenois en vostre perte & en vostre dueil, ie me fusse bien gardé d'entreprendre en si peu de temps, & auec vne si legere preparation, vne action de si grand poids, que celle où vostre commãdement m'a engagé, pour honorer la memoire du plus grand homme & du plus accomply en prudence, en valeur, en pieté, en fidelité, que la France ait esleué depuis plusieurs siecles, & qu'elle se puisse promettre de faire naistre à l'aduenir.

La mesme raison me deuroit encore plustost arrester, d'exposer aux yeux & à la cen-

ſure de tout le monde vn diſcours, qui porte plus les marques de ma douleur, & du deſir que i'ay eu de vous complaire, qu'il n'eſt paré des richeſſes & des ornements qui l'auroient peu rendre agreable.

Ie vous confeſſe que i'ay eſté combattu auant que me reſoudre à cette publication, qui rend les fautes plus remarquables, par le loyſir qu'on ſe donne de les examiner. Non que i'aye balancé entre l'inclination naturelle que chacun a de ſe mettre à couuert du blaſme, & entre l'obligation que i'auois de vous rendre cette petite preuue de mes deuoirs, & de ma deuotiõ enuers le plus charmãt, & le plus obligeant de tous les hommes: mais parce que i'aprehendois qu'auec le reproche de ma temerité, mon insuffisance & la bassesse de mes loüanges ne ternissent la gloire de cet incomparable Heros, qui laissera tousiours dans les esprits de la posterité beaucoup plus d'admiration que de croyance.

Et pour vostre particulier (M.) Ie croyois inutile d'exposer à vos yeux ce premier & grossier crayon fait à la haste, des vertus de celuy, dont vos actions releuent le lustre & l'esclat incomparablement mieux que ne pourroit faire l'eloquence de tous les hommes.

Neantmoins ces raisons, quoy que tres iustes, ne m'ont peu retenir de donner le iour & la vie à ce triste discours des tenebres & de mort. Ie me trouuerray suffisamment iustifié de la faute qui me pouroit estre imputée, quand on sçaura que le desir de vous obeir & non pas celuy de paroistre me l'aura fait commettre au preiudice de ma reputation.

Et si vos yeux (M.) accoustumés à ne lire que des ouurages polis & bien limez (autrement vous ne les auriez iamais passez sur les choses qui partent de vostre esprit) se trouuent offensez par le rencontre de mille traits grossiers & rudes qui se trouueront en ce funebre discours, vous aurez plus de subiect de loüer mõ obeissance, que d'accuser ma pre-

ſumption : & excuſerez facilement les deffauts de ma plume, en receuant les preuues de mon affection, qui m'oblige, ne pouuãt contribuer à voſtre gloire, d'eſleuer mes vœux vers le Ciel pour voſtre proſperité, & me dire de cœur, & de tout, iuſqu'au tombeau,

MONSEIGNEVR,

Voſtre tres-humble, & tres-obeiſſant ſeruiteur
DE RACONIS.

ORAISON FVNEBRE, SVR LE TRESPAS DE FEV MONSEIGNEVR LE MARESCHAL DE Schomberg.

Bonum certamen certaui, cursum consummaui, fidem seruaui, in reliquo reposita est mihi corona iustitiæ, quam reddet mihi in illa die iustus Iudex. 2. ad Timoth. 4.

I'ay combatu le bon combat, i'ay consommé ma course, i'ay gardé la Foy: au reste vne couronne de iustice m'est reseruée, que me rendra en ce iour-là le iuste Iuge. 2. ad Tim. 4.

DIEV! combien dure & fascheuse est nostre condition (tres-illustre & affligée assistance) que nous ne puissions plaindre la perte de nos amis & de nos proches, sans regretter leur gloire, ni pleurer leur trespas; sans enuier leur contentement.

C'est vn effect de la preuarication de nos premiers parens, & vn secret de la diuine Prouidence que nous deuons adorer: parce qu'ayants esté creés de Dieu pour vne vie immortelle, &

pour iouïr d'vne parfaite felicité, s'ils fussent demeurez dedans l'obeïssance qu'ils deuroiēt à leur Souuerain, ils en sont eux-mesmes decheus par leur rebellion, qui les a rendus tributaires à la mort, & aux miseres d'vne vie perissable. Si bien que Dieu a ioint la tendresse de son amour aux mouuements equitables de sa Iustice, quand il a fait dessein de les restablir à la vie par la mort mesme, & faire seruir cette derniere heure effroyable à tout le monde, de porté à vn bon heur qui n'aura point de fin. Par consequent c'est regretter leur vie que de lamenter leur trespas, & souspirer leur sortie de cette condition miserable & mortelle, n'est autre chose que s'opposer à la gloire & au contentement qui ne leur pouuoit estre acquis que par la mort.

Mais ie reuiens à moy-mesme, & commence de remarquer la faute que ie commets dés l'entrée de ce discours. Les Orateurs trauaillent sur toutes choses de s'acquerir la bien-veillance de ceux qui les escoutent, pour se les rendre apres plus capables des choses qu'ils leur desirēt persuader; & moy il semble que i'aye pris à tasche de vous aigrir, & me rendre desagreable, en m'opposant à la iustice de vos ressentiments.

Quoy donc? (c'est vne voix qu'il me semble que vous portez dans mes aureilles) estes-vous venu en ce lieu pour vous opposer à nos plaintes, & improuuer nostre douleur? vous auonsnous donc fait l'honneur de vous appeler pour cette action, la plus glorieuse en toute sorte qui puisse estre entreprise par vn homme de vostre profession, afin de nous faire des reproches, & accuser des larmes, qu'on ne sçauroit reprendre sans iniustice, ni condamner sans cruauté?

Non non, Messieurs, ne le croyez pas: ma pensée s'esloigne infiniment de ce dessein, qui tend plutost à iustifier vos larmes, & faire voir l'equité de vostre douleur. Plorez à la bonne heure, vous le pouuez auec iustice, & le deuez par la raison: si vous mesurez vos ressentiments à vostre perte, & si vos larmes doiuent estre les fideles tesmoins de vos ressentiments.

Certes il paroist bië, Messieurs,

que comme disciple de S. Paul, ie fais fort peu d'estat de l'eslo-quence humaine, & ne m'arreste guere aux loix des Orateurs. Tous demandent silence, & moy ie demande le bruit : ils requie-rent l'attention de leurs Audi-teurs pour n'estre diuertis en leurs discours, & moy ie desire d'estre souuent diuerti, voire mesmes interrompu si bon vous semble par vos souspirs & par vos larmes. Que dis-ie, ie veux ioindre les miennes aux vostres, & faire vn concert de pleurs auec vous, sur le trespas de ce-luy, que toute la France doit iu-stement plorer, puis qu'elle a retiré de si grands aduantages de ses seruices durant sa vie. Ce vous pourroit estre quelque pe-tite consolation, s'il est vray que les perſonnes affligées prennent plaiſir de voir que lon pleure auec elles : non ſeulement pour la conformité d'action qui rend leurs larmes agreables, mais parce que c'eſt vn teſmoignage du ſentiment qu'on a de leurs ennuis. Les perſonnes dont on peut celebrer la memoire, & honorer le treſpas par des harangues eſtudiées, & pleines d'enrichiſſements & de loüanges recherchées, monſtrent qu'elles touchent plus à la langue qu'au cœur. En vne perte ſi ſenſible que celle-cy, la meilleure voix eſt de n'en auoir point. La plus perſuaſiue eloquence eſt celle qui eſt arrouſée de plus de larmes, où les diſcours ſont entrecoupez par les plaintes, & les mots ſuffoquez par les ſanglots.

En vn mot parmi beaucoup de douleur, il n'est pas bien aisé d'auoir beaucoup d'eloquence. *De dormientibus*, disoit nostre diuin & incomparable sainct Paul, escriuant aux Thessal. *nolite contristari sicut cæteri qui spem non habent: Pource qui est de ceux qui dorment, n'en soyez point attristez à la façon des autres qui n'ont nulle esperance.*

La mort des Iustes est appellée sommeil dans l'Escriture, tesmoin ce que dit le Sauueur du monde, parlant à ses Apostres du Lazare mort & pourri dedans la tumbe, *Lazarus noster amicus dormit*, *le Lazare nostre ami dort*, & cela, dit sainct Augustin, parce qu'en la resurrection ils doiuent estre esueillez & rappellez à la vie: *Ideò*, dit-il au traitté sur S. Iean, *dormientes appellauit, quia re-*

ſurrecturos pronuntiauit; *il aſſeure qu'ils dorment*, *parce qu'il prononce qu'ils reſſuſciteront*, conformément au dire du Roy Prophete, Pſalm. 40. *Nunquid qui dormit non adijciet vt reſurgat? Ne croyez-vous pas que celuy qui dort ne penſe à reſſuſciter.* Et neantmoins, quoy que cette mort des gens de bien ne ſoit rien moins qu'vne mort, mais vn paſſage à la vie exempte pour iamais du treſpas: quoy que ceux que nous plorons giſants dedans la tumbe ſoient doucement endormis pour eſtre reſueillez au grand iour des eternelles recompenſes; Cet Apoſtre tout cœur, tout tendreſſe, & tout amour, ne deffend pas les mouuements de la triſteſſe pour vne telle ſeparation de peu de iours, & qui peut aboutir à vne reunion immortelle: mais il veut ſeulement qu'ils ſoient reglez par la raiſon; & que donnant au ſentiment de la nature ce qui ne luy peut eſtre desnié ſans violer ſes loix, ſe deſpoüiller d'humanité, & entrer dans la Barbarie: nous n'oſtions pas à la raiſon, mais plutoſt à la Foy; mais aux paroles de verité, au teſmoignage de Ieſus-Chriſt; ce qui ne leur peut eſtre raui ſans outrage, ſans injuſtice, & ſans impieté: ſçauoir en vne ſi juſte douleur de l'abſence de nos amis, cauſée par leur treſpas, trouuer vne aussi juſte raiſon de nous conſoler en l'eſperance de leur recouurement, & reſurrection à la vie, *de dormientibus nolite contriſtari ſicut cæteri qui ſpem non habent.*

Sainct Hieroſme conſiderant

le fait des meres des petits Innocents, lesquelles quoy que navrées iusqu'au cœur, & penetrées iusques au profond de l'ame du massacre sanglant qu'elles voyoient deuant leurs yeux de ces pauures petites & innocẽtes creatures, confinées aux tenebres & à la mort, quasi au moment qu'elles jouïssoient de la lumiere & de la vie, neantmoins refusent la consolation, *Rachel plorans filios suos, & noluit consolari*, se figure vn aspre combat dans leur esprit, entre la tendresse de leurs entrailles maternelles, & les resolutions de leur Foy, les ressentiments de la nature, & les mouuements de leur pieté, *plangit affectus sed fides exultat, deflet humanitas, sed pietas consolatur*: l'affection joue son jeu, & se descouure par les plaintes, mais la Foy n'est point esbranlée, qui cause vne allegresse au fond du cœur: l'humanité a liberté de se soulager par ses larmes: mais la pieté qui la redresse de son abbatement, ne souffre pas qu'elle soit destituée de consolation.

La mort, dit sainct Augustin, ne cause pas en nous de la douleur seulement, parce qu'elle est contraire & ennemie de la nature; mais aussi particulierement parcequ'elle nous remet deuant l'esprit ce coup fatal porté par nostre premier pere, tant contre luy que sa posterité, par lequel il s'est priué luy-mesme, & nous a esloignez auec luy de l'immortalité en laquelle nous deuions viure, pour nous rendre la proye & le butin de cette impitoyable:

c'eſt là le ſujet principal de noſtre affliction. Puis donc que Ieſus-Chriſt a reparé auec tant d'auantage par ſa grace, le malheur que nous auoit cauſé Adam par ſon peché, *non ſicut delictum ita & donum, ſed vbi abundauit delictum ſuperabundauit & gratia*; & que la vie nous a eſté reſtablie pour ne finir iamais, qui nous auoit eſté rauie par la mort, laquelle deuoit eſtre abſorbée dans ſa victoire, par le merite du ſang de Ieſus-Chriſt, germe de reſurrection & de vie: De cela meſme ſe tire le fond de noſtre conſolation, *de dormientibus nolite contriſtari ſicut cæteri qui ſpem non habent, nous ſommes contriſtez* (dit cet eſprit plein de delicateſſe & de pointes) *de la neceßité que nous auons de perdre la veuë de nos amis, mais nous deuons estre consolez en l'esperance de les reuoir. Contristamur necessitate amittendi, sed spe recipiendi: inde angimur, hinc consolamur ; de là les angoisses, d'ici les consolations : inde infirmitas afficit, hunc fides reficit : inde dolet humana conditio , hinc sanat diuina prouisio ; de là l'infirmité vous abat, & d'ici la Foy vous releue ; de là la condition humaine vous iette dans le dueil, & d'ici la promesse diuine prend force de vous guarir.*

Partant pour reuenir à vous (tres-noble & tres-illustre compagnie) parmi tous ces honneurs, cette pompe funebre, ces flambeaux alumez de tous costez, cette Chapelle ardente qui brusle de toutes parts, ce noir tendu & au dedans & au dehors de cette Eglise, ce Clergé assemblé & reuestu de dueil, ces voix triſtement concertées, *Requiem æternam dona eis Domine*, j'auoüe vos ſentiments, j'aprouue vos ſouſpirs, ie les adopte, ie les fais miens : la cauſe en eſt commune, chacun a droit d'y prendre part; & ſi l'honneur que vous auez de luy appartenir vous donne de la preference, celuy d'auoir gouſté les charmes de ſa conuerſation, & eſprouué les effects de ſa courtoiſie, ne peut permettre que nous nous ſeparions de vos intereſts. Voila ce que nous deuons à la nature, c'eſt là le droit de l'humanité. Mais releuant noſtre eſprit par la Foy à la condition heureuſe où cette belle ame eſt paſſée pour vne eternité par le treſpas d'vn moment : à ce ſejour de gloire, ce palais de clarté, où cet eſprit detaché de la terre & de ce corps de mort, s'est legerement enuolé pour prendre possession de l'immortalité & de la gloire, nous trouuerrons dequoy tarir la source de nos larmes. Et la veuë de tant de biens qui luy reüssissent de cet esloignement que nous regrettons, sera capable de nous donner autant de consolation, .que nous auons receu d'amertume ; & nous obligera à ne pas plus donner à nostre sentiment pour nostre perte, que nostre raison & nostre Foy, nous asseurent de son bonheur.

Au lieu donc de tenir les yeux bas pour regarder cette tumbe, & toutes ces lugubres enseignes de la mort : de voir dans ce triste sejour le corps de ce grand Mareschal, qui en sa vie auoit asseuré la vie à tant de monde, en vn moment priué de ſentiment & de vie: ces yeux qui rauiſſoient les cœurs de tout le monde par la douceur de leurs regards, refuir la lumiere: ces aureilles qui auoient ſi ſouuent eſté ouuuertes aux paroles de verité & de vie, bouchées par la mort, & inſenſibles à nos diſcours; cette langue qui auoit touſiours ſerui d'organe à ce puiſſant genie pour dõner des conſeils ſi ſalutaires & ſi auantageux & à l'Eſtat & à l'Egliſe, demeurer maintenãt collée & immobile: bref ce corps eſtre giſant ſans mouuement en cette triſte biere, qui auoit eſté autrefois ſi prompt & ſi actif à courir aux beſoings de tout le monde, particuliers & publics: redreſſons noſtre veuë, perçons de l'eſprit dans les cieux, voyons ce noble & genereux esprit qui les a trauersez, pour prendre place dans l'Empirée, se perdre heureusement en la veuë de l'Essence diuine, faire vn concert auec les Anges pour loüer Dieu, & cependant que nous poussons de nos dolentes poictrines ces voix lugubres & lamentables, *Requiem æternam dona eis Domine* en sa faueur, faire esclatter à nos aureilles ces paroles de joye & de consolation, *Bonum certamen certaui, cursum consummaui, fidem seruaui, in reliquo reposita est mihi corona iustitiæ, quem reddet mihi in illa die iustus Iudex: I'ay combatu le bon combat, i'ay consommé ma course, i'ay gardé la foy: au reste vne couronne de iustice m'est reseruée que me rendra en ce iour là vn iuste Iuge.*

Platon disoit de fort bonne grace, que pour rendre vn homme parfaitement vertueux, & notamment en la vertu de force & de courage (qui est celle qui a principalement esclatté en la vie & aux actions de nostre grand Mareschal) trois choses estoient necessaires, la nature, la raison, & l'vsage. La nature, disoit-il, est vn don du ciel, la raison s'acquiert, & l'vsage se forme. La nature nous incline, la raison nous guide, & l'vsage nous affermit. La nature est le commencemēt, la raison le progrés, & l'vsage la consommation. La nature est le terroir, la raison la semence, & l'vsage le laboureur: la nature sans la raison & l'vsage, est vn champ delaissé & en friche pour n'estre labouré ny semé: la raiſon ſans la nature & l'vſage, eſt vne ſemence inutile, faute de terre & de Laboureur: & l'vſage ſans la nature & la raiſon, vn Laboureur qui a les bras croiſez, faute de ſemence & de champ. Les trois enſemble rendent l'œuure accōpli, la bonne nature, la raiſon parfaite, & l'vſage conſommé: trois pieces qui ont enſemble conſpiré à porter ce grand homme iuſqu'à ce troſne d'honneur eminent où nous l'auons veu eſleué, & faire acquerir à ſa valeur cette haute eſtime, qu'on l'a tenuë juſtement pour vn chef d'œuure de la nature, où elle a eſpuiſé tous ſes treſors & ſa puiſſance, pour ne pouuoir quaſi rien faire de meilleur ni de plus grand.

C'eſt vn prouerbe commun

que l'Aigle hautaine & genereuſe n'engendre point des coulombes timides & caſanieres: les bons fruits teſmoignẽt la bonté de leur arbre: & difficilement croira-on, qu'vn mauuais arbre produiſe de bons fruits. La Nobleſſe a ie ne ſçay quoy dans le ſang qui picque & pouſſe à la vertu: dont la raiſon peut eſtre, de ce que les choſes ſe conſeruent par les meſmes qui les ont engendrées: par conſequẽt comme la Nobleſſe n'eſt née que de la vertu, auſſi ne peut elle ſe conſeruer que par la vertu meſme. D'où vient que chaque choſe cherchant par vn inſtinct naturel la conſeruation de ſon eſtre, ce n'eſt pas de merueille ſi la Nobleſſe nous ploye & nous incline inſenſiblement à la vertu, qui luy sert d'apuy & de lustre.

Certes, Messieurs, si ie me fusse trouué en ce iour fortuné pour l'honneur de la France, qui luy donnoit vn si puissant & inuincible deffenseur, il ne m'eust pas esté bien mal-aisé de faire son horoscope, & deuiner quelle eust deu estre sa valeur. La tige est trop cognuë, pour ne bien juger du surjon : la Noblesse de son sang est trop seure, & la valeur de ses predecesseurs à eu trop d'esclat dedans la France, & par tout ailleurs, pour craindre que la bassesse & lascheté eussent peu trouuer place dans son esprit.

Autant que la Saxe a esté glorieuse autrefois d'auoir presté le fond pour y faire naistre & nourrir ce bel arbre, autant regrette-elle en la persõne du pere de no-

ſtre deffunct Mareſchal, de l'a-
uoir veu arracher de sõ ſein, pour
eſtre tranſplanté en vn meilleur
terroir, qui eſt celuy de noſtre
France, ou reſpirāt vn air plus pur
& plus temperé, il deuoit faire
eſclore des fruits encore plus ſa-
uoureux & agreables. Cette noble lignée eſparſe maintenant, &
iointe par alliance aux plus grandes Maiſons de ce Royaume, de
la Roche-poſée, de Barbançon,
du Lude, d'Eſpinay, de la Guie-
ſe, deſquelles perſonne n'ignore
le nom, les alliances, & les vertus: de Liancourt genereux re-
jetton d'vne tige ſi honorable,
d'Halluyn, illuſtre par ſa Nobleſſe, par ſa vertu & par ſa pieté. Ie
ne veux point m'eſtendre dauan-
tage ſur la Nobleſſe, le teſmoignage & les preuues en ſont trop

publicques en cet Ordre Royal du sainct Esprit, que nostre deffunt auoit l'honneur de porter. Les actions genereuses de feu Messire Gaspart de Schomberg son pere, & les emplois honorables qu'il a eus, comme marques certaines de son courage & de sa fidelité, ne peuuent estre ignorez de personne, qui aura tant soit peu de cognoissance de l histoire de nostre temps. Lon sçait le voyage qu'il fist en Pologne vers le feu Roy Henry III. pour luy donner aduis, que toute la France en dueil par le trespas du Roy Charles IX. son predecesseur & son frere, jettoit les yeux sur luy pour reprendre sa robbe de joye, & que les vœux & les cœurs de tous les François l'attendoient pour se donner à luy, comme à leur Roy legitime & souuerain Monarque.

Lon sçait aussi les trois voyages qu'il fist en Allemagne pour emmener des troupes en France; ce qu'il executa auec tant de chaleur & d'affection pour le seruice de son Maistre, que la premiere fois il leua sur son credit, & à ses despens quinze Cornettes de Reistres. La seconde, quarante, qui firent de grands deuoirs, & rendirent de notables seruices au Roy & à l'Estat durant le siege de Roüen. La troisiesme, 4000. Reistres pour joindre au Mareschal d'Aumont, qui lors commandoit les troupes du Roy en Champagne & Bourgogne, & pour asseurer ces Prouinces au seruice de sa Majesté.

L'effect du voyage qu'il fist en

Bretagne par sa bonne conduite, qui luy fist pratiquer les Gouuerneurs particuliers des places plus importantes, notamment celuy de Redon, Dinan, & S. Malo, fust tel, & si auantageux pour les affaires du feu Roy, le grand & inuincible Henry IV. qu'il luy ouurit le chemin d'y aller en personne, & ramener cette grande Prouince aux deuoirs de son obeïssance.

Sa fidelité dans les Finances fut esprouuée, abandonnant ses affaires particulieres pour faire celles de son Maistre, & sa justice & benignité esgalement admirez au Gouuernement qu'il receut en la haute & basse Marche, contenant les esprits qui eussent peu estre portez au sousleuement dans leur deuoir par la crainte de sa justice, & gaignant les cœurs de tout le monde par amour. Mais ie fais tort à la gloire de ce grand homme de la vouloir publier par mes paroles, comme si elle n'estoit pas assez publique par son propre & veritable esclat.

Puis il semble que i'offence le sujet pour lequel vous m'auez fait l'honneur de m'appeler, assez riche de ses propres vertus, & de son acquis, sans esclatter des richesses des autres, encore bien qu'elles luy vinsent par le droit de succession & de naissance. La principale gloire qu'il a tousiours recherchée a esté celle de la vertu, sans laquelle il eust fait peu d'estat de celle de la Noblesse. Il sçauoit bien que comme il n'y a nul raport de la pierre pretieuse au plomb, & qu'elle doit estre enchastonnée dans le fin or pour mieux briller. Ainsi que la gloire qui vient du sang est obscure, si elle n'est assortie de la vertu; que la loüange sans vertu n'est pas loüange, mais flatterie, & qu'il n'y a de solide loüange que celle qui est appuiée sur la vertu: & que loüer vne personne pour les vertus de ses predecesseurs, est la despoüiller de loüange, si elle n'est reuestuë de ses vertus. Raison pour laquelle il ne rendoit pas moins de soin de succeder à la vertu de ses ancestres, qu'il leur succedoit en Noblesse; afin de receuoir sans flatterie, & la gloire de son sang, & les loüanges de ses vertus. Et comme la Noblesse s'accroist en descendant, estant plus grande aux enfans qu'elle n'eſt pas aux peres, parce qu'elle a aux enfans vne ſuite plus longue: auſſi a-il tousjours ſoigneuſement trauaillé à faire que la vertu deſcenduë de ſes predeceſſeurs ſur luy, receuſt en luy quelque acroiſſance nouuelle, & eſclataſt d'vn luſtre plus particulier: & ce dernier auec d'autant plus d'auantage, que la Nobleſſe qui coule de nos majeurs ſur nous, s'augmente ſans noſtre trauail, où la vertu ne peut croiſtre en nous ſans l'employ de noſtre induſtrie.

Ces principales penſées furent de cultiuer cette belle nature, qu'il auoit receuë de ſes predeceſſeurs pour n'en ternir la gloire, mais la porter à vn plus haut degré d'eſclat & de ſplendeur. Ie viens de vous dire que la bonne nature estoit l'inclination au bien, où elle estoit adressée par la raison; & confirmée par l'vsage: mais certes i'aimerois mieux dire maintenant mon sujet, que la raison & le bon jugement que nostre feu. Mareschal à fait voir en toutes les parties de sa vie, faisoient vne grande partie de son bon naturel: & que cette vigueur d'esprit, & cette force de jugement, qui ne s'acquiert chez les autres qu'auec beaucoup de trauail, & en plusieurs années, estant commenées auec luy, & tournées en vn mesme berceau, luy faisoient faire dés ses premieres années sans peine; ce que les autres ne font qu'en la consommation de leur âge, & de leur experience, & encore auec beaucoup de difficulté.

Mais certes il sceut bien mesnager & prendre ses auantages de ce beau naturel, & de cette grandeur d'esprit dont Dieu & la nature sembloient luy auoir fait present auec la vie, pour perfectionner sa vertu, & se rendre par l'vsage & par l'exercice vn miracle de prudence & de valeur: Vertus qui l'ont accompagné d'vn mesme pas en toutes ses actions pour les faire reüssir à la gloire de son Maistre, & au bon-heur de cet Estat, qu'il a tousiours serui auec tant de fidelité & d'amour. De maniere qu'on peut dire de luy sans flatterie, que tout ce que la prudence à iamais peu inuenter dans les conseils, la valeur executer dans les armées, & la bonne fortune exploicter dedans l'heureux ſuccez des plus hautes entrepriſes, le tout s'eſt rencontré auec eminence en cet Heros : à qui reſoudre & executer, combatre & ſurmonter, attaquer & prendre, ont eſté touſiours vne meſme choſe ; ſi bien qu'il peut dire maintenant à juſte droit, *Bonum certamen certaui, curſum conſummaui, fidem ſeruaui, &c.*

Il a combatu le bon combat, il eſt deuenu grand Maiſtre, parce qu'il a commencé de bonne heure l'apprentiſſage d'vn meſtier qu'il ſçauoit deuoir faire juſques à la mort. *Magna pars temporis elabitur malè agentibus*, dit Seneque, *maior nihil agentibus, tota aliud agentibus : Grande partie de noſtre temps s'eſcoule à ne rien faire, vne plus grande à mal-faire, mais tout ſe pert à faire autre choſe* : c'eſt à dire

ne

ne pas faire, ou commencer trop tard le mestier où l'on est destiné. Par consequent ce grand & iudicieux esprit, recognoissant que sa naissance & son inclination le destinoient pour les armes, il a voulu suer sous le harnois, & l'habituer à la fatigue en l'âge où les autres ne recherchent que les diuertissements & les plaisirs. Auec quel auantage & quel succez le cours de sa vie le declare assez sans qu'on le die.

Le Sage dit vn grand mot en l'Eclesiastique, *Qui non est tentatus quid scit, vir in multis expertus cogitabit multa, & qui multa didicit enarrabit intellectum*: Celuy qui n'a point esprouué la peine & la fatigue, n'est pas capable d'en parler, parce qu'il est sans cognoissance, il n'appartient d'en discourir qu'à celuy qu'vne longue experiencee a rendu maistre parfait, & qui ayant l'esprit rempli, peut faire part aux autres de sa science. Dequoy ie trouue vne representation assez naïue en ce mõstrueux animal que vit le Prophete Ezechiel proche le fleuue de Chobar, ayant quatre faces, celle de l'Homme, celle de Bœuf, celle de l'Aigle, & celle de Lion: car ce Prophete peu apres voyãt le mesme animal, au lieu de la face de Bœuf, il y vit celle d'vn Cherubin. Que voudroit dire ce changement? & que ce qui estoit Bœuf du commencement, fust deuenu Cherubin à la suite? c'est sans doute le secret que ie touche. Car le Bœuf, animal nourri à la peine, nous represente la fatigue & le trauail; & le Cherubin, ſelon l'Hebreu, ne veut dire autre choſe que *quaſi Magiſter*, Maiſtre, ſçauant: d'où vient le mot de Rabin chez les Iuifs, de la meſme racine, qui ſignifie Maiſtre ou Docteur. Si bien que pour deuenir Cherubin; c'eſt à dire Maiſtre & ſçauant dans vn meſtier, particulierement en celuy des armes, il faut auparauant auoir eſté comme le Bœuf par l'exercice des trauaux, des dangers, & de la fatigue.

Durum eſt, dit le grand Seneque, *inaſſuetis iugum ferre, ad ſuſpitionem vulneris tiro paleſcit; audacter autem veteranus miles cruorem ſpectat, qui ſæpè ſcit poſt ſanguinem ſe viciſſe.* Ouy ſans doute, c'eſt choſe rude & difficile à porter que le ioug à celuy qui ne l'a iamais accouſtumé: vn apprenti au meſtier de la guerre, vn ſoldat de recreuë palit au ſeul ſoupçon & apprehenſion de la playe, & l'idée ſeule de voir couler ſon ſang luy donne de l'horreur, & luy cauſe de la defaillance. Où au contraire vn vieil gendarme & ſoldat aguerri regarde d'vn viſage aſſeuré, & d'vn œil tout riant, ruiſſeler ſon ſang de ſa playe: ſçachant qu'apres la perte de ſon ſang il a ſouuent remporté la victoire: que c'eſt vne rozée celeſte qui fait germer l'honneur, & boutonner la gloire, laquelle ſe doit eſpanouir tous les iours de ſa vie. Il bondit d'aiſe au ſon de la trompette qui l'appele au combat: il ſe mire dans les bleſſures comme le Paon dans ſon plumage, il les aime, il les careſſe, comme les teſmoings plus certains de ſa valeur, les breſches de l'honneur, & les eſcarboucles de ſa gloire. Il ne vit & reſpire qu'à meſure qu'il ſent les coups : toute ſon ambition eſt d'auoir quelque œil de ſatin, & quelque bras en eſcharpe, qu'il porte auec grace, comme vne grace du ciel, qui a voulu par ce beneſice ſignaler ſa valeur. S'il voit vn ſoldat ſortir de la meſlée ſans bleſſure, il ſe moque de luy, luy en fait des reproches, & luy veut faire paſſer ce ſuccez qu'vn autre attribuëroit à bon-heur, pour vne tache d'infamie, & vne marque de lâcheté : ainſi que faiſoit autrefois Peleus à Menelaus. En vn mot il tient pour maxime, que comme la muſique ne s'apprend qu'en frappant & battant la meſure, de meſme le courage ne s'acquiert que parmi les coups, & l'honneur ne se recueille que parmi les plus rudes & perilleuses escarmouches. Que comme les orgues ne joüent point si elles ne sont pressées, la valeur ne se descouure qu'en la presse des ennemis. Que tout ainsi que l'escarlatte doit estre battuë pour estre haute en couleur : ainsi le courage ne se releue qu'à mesure qu'il est aux coups, & qu'il soustient sans s'esbranler la gresle & la tempeste des fleches ennemies.

Vn homme, poursuit le mesme Philosophe, n'a garde de deuenir courageux demeurant en repos, il faut qu'il marche haut & bas, qu'il flotte au milieu des ondes courroucées, qu'il sçache tenir le gouuernail de son vaisseau au plus fort de la tourmente, qu'il luitte corps à corps & bras à bras contre la fortune mesme. Car tout ainsi qu'vn luiteur qui se voit aux prises auec son aduersaire, recueille toutes les forces de son corps pour en venir à bout : vous le voyez se tenir ferme sur ses pieds, roidir ses nerfs & ses muscles, estendre ses bras, & joignant l'adresse à la force par mille tours & secousses s'esuertuer de le porter par terre. Ainsi nostre vigueur ne se resueille, & nostre courage ne s'affermit, qu'à mesure que nous sommes aux mains & aux prises contre l'ennemi, & que par vn aspre combat nous disputons auec luy le prix de l'honneur & de la vie. Ce qui nous endurcit de telle sorte au trauail, & nous fait contracter vn cal si dur, qu'il est impenetrable à toutes sortes de secousses & de hazards.

Il faut ici, Messieurs, que vous me permettiez vne petite vanité, & que ie mortifie vos oreilles par ce petit trait de loüange que ie suis contraint de me donner; sçauoir, de l'artifice dont i'ay vsé pour vous despeindre & exposer deuant vos yeux la vertu & la valeur de celuy, dont l'idée ne s'esloignera iamais de vostre pensée, non plus que son amour de vostre cœur. I'ay pris à tasche de vous monstrer à quel degré auoit monté le courage de ce guerrier inuincible, dont le sang se rechauffe dessus la terre, tandis que les palmes reuerdissent dedans le ciel: de cet homme né à la honte des siecles passez, &

à la gloire du nostre: de ce Mareschal incomparable, dont les rares & rauissantes qualitez obligent toutes les ames genereuses à honorer sa reputation, & desirer l'imitation de ses merites: de cet Hercules Gaulois, qui parmi les combats n'eut iamais de plus puissant ennemi à combattre que son propre courage, qui souuent luy ostoit la veuë des dangers, où le zele & l'ardeur l'alloient precipitant: de ce nouuel Achille, qui n'eut point de besoin, comme le premier, d'estre nourri de la moëlle des Lions, parce qu'il en auoit le cœur. Cette entreprise est grande, & difficilement l'eloquence humaine pourra-elle arriuer iusques là, de persuader vne chose que toute la posterité iugera plus digne d'admiration que de croyance. Et neantmoins nous l'auons veu en nos iours : la France & l'Italie ont esté les principaux theatres où cette valeur plutost diuine qu'heroïque s'est signalée en vn tel poinct, que pour n'en trop peu dire, il n'en faudroit rien dire, & où l'eloquence est muette, parce qu'elle a trop à parler. Mais encore qui l'a porté iusques là? La bonté de son naturel, vous ay-ie dit : ouy certes, mais aussi le grand soin qu'il a pris de cultiuer vne si bonne nature par vne loüable accoustumance, & rendre sa valeur à l'espreuue par l'exercice des combats où il s'est rencontré dés ses premieres & plus tendres années ; combats qui luy ayant serui d'apprentissage, l'ont en fin rendu maiſtre ſi accompli, qu'on peut dire ſans trop de flatterie, que n'ayant eu auant luy aucun exemple à imiter, il n'a quaſi peu imiter que luy-meſme; & s'eſt rendu inimitable à ceux qui viendront apres luy.

Qui n'admire de le voir dés l'âge de quatorze ans, non ſimple ſoldat, mais Capitaine d'vne compagnie de Cauallerie dans le Regiment de Monſieur ſon pere au ſiege de Roüen, donnant desja les preuues tres-viſibles d'vne veritable valeur, accompagnée de reſolution & de prudence?

Philippe pere d'Alexandre, voyant que ſon fils ſans s'effrayer auoit monté le furieux Bucephal, & auoit ramené à la raiſon cet animal indomptable, fiſt voir le contentement de ſon cœur par les larmes de ioye qui decoulerent de ses yeux : tirant de cette action vn argument infaillible de la grandeur de son courage, & vn augure certain de la future gloire que sa valeur luy feroit acquerir : dont le succez passa encore bien au de là de ses attentes. Quelle allegresse ne ressentit en son ame Messire Gaspart de Schomberg? voyant ce fils, la viue image de ses vertus, en vn bas âge si tendre & si delicat, paroistre si resolu aux entreprises de la guerre, & si hardi dans les combats, que rien, pour difficile & perilleux qu'il peust estre, ne le pouuoit estõner, ni faire changer de face; au contraire plus le danger paroissoit grand, plus il tesmoignoit d'asseurance. Quel jugement pensez-vous qu'il formoit d'vne resolution si genereuse? sans doute que la tendresse & l'amour paternel à l'endroit d'vn fils si aimable, luy deuoit faire prendre sur de si beaux commencements des conjectures pour l'auenir tres-fauorables & tres-aduantageuses: mais elles n'ont pourtant esté telles & si grandes que le temps, ce grand maistre qui desploye les secrets de l'aduenir, en a fait paroistre à nos yeux. Si bien qu'il a esté trompé en ses augures; mais d'vne tromperie auantageuse, & pour le pere & pour le fils: la gloire de ce fils ayant monté beaucoup plus haut, que le pere n'eust ozé se promettre, & qu'il n'eust mesme peu s'imaginer. En quoy certes ie le trouue excusable; parce que la vertu de ce jeune guerrier estoit au fond encore toute autre, qu'elle ne se pouuoit juger par ces premiers essays. Vertu qui se fortifiant par l'exercice, comme nous auons dit, receuoit de iour en iour de nouueaux accroissements, & en rendoit de nouueaux tesmoignages si rares & si signalez, que tout le monde estoit cõtraint d'aduoüer que l'effect auoit de beaucoup surmonté l'esperance, & que les mouuements de sa valeur, qui se poussoit à la perfection, estoient beaucoup plus prõpts que ceux de ses annees. Lisez nos histoires, passez de l'œil sur toutes les guerres qui se sont faites depuis que ce jeune Mars commença d'endosser le harnois, & vestir la cuirasse; vous le verrez tousjours & des premiers & des plus auant dans toutes les occasions honorables où les braues courages ont de coustume de signaler leur valeur & leur fidelité, ce qui luy auoit acquis vne si forte & constante habitude, que son plaisir estoit dedans sa peine, n'auoit repos qu'en trauaillant, & ne s'estimoit iamais plus asseuré, qu'aux rencontres où les autres trouuoient sujet d'apprehender.

Au siege de Mautauban le coup & le mousquet fatal qui arracha la vie à ce genereux Prince feu Monsieur le Duc de Mayenne, coula le lõg de son chappeau cõme ils estoient de cõpagnie, vis à vis l'vn de l'autre visitants les trauaux. Il est vray que cet accident luy penetra le cœur bien auant d'vne douleur tres sensible pour vne si grande perte:

mais la frayeur pourtant ne le fist point tõber. Vne mousquetade au pas de Suze luy trauerse les reins; mais son courage s'affermit à la veuë du sang qui coule de sa playe. Bref on peut dire de luy, que comme il ne s'est iamais veu vn Capitaine plus prudent dans les combats pour conseruer la vie de ses soldats : aussi n'eut-il iamais soldat plus resolu dedans les perilleuses entreprises, ni qui portast sa vie auec plus d'asseurance dans toutes les occasions & les dangers où son honneur & le seruice de son Maistre l'appelloient.

Diray-ie ce mot, que la fieure mesme respectant son courage en cette derniere & memorable journée de Castelnaudari, n'osa pas l'attaquer; craignant quasi

de

de faire trembler celuy, qui n'auoit iamais sceu que c'estoit de trembler & de craindre: Elle se tire à quartier pour ce jour, tandis que luy fortifié de son courage, que la longueur & langueur de ce mal importun n'auoit peu rauallér, se tient à la teste des trouppes Royales pour les encourager par sa presence, & leur oster l'effroy que le grand nombre des ennemis leur eust peu donner, par l'asseurance qui se lisoit sur son visage.

Ce coup à la verité se peut dire vn chef d'œuure de prudence militaire & de valeur; lequel pourtant ie n'estens point d'auantage; parce qu'il a incomparablement plus de tesmoings, qu'il n'y a maintenant d'oreilles qui m'escoutent, & qui regrettent auec amertume de cœur cette vertu trop tost esteinte pour la France, & enleuée du milieu de nous en punition de nos offences. Outre que les honneurs qu'il en auoit recueillis par la main du plus grand & du plus juste Roy qui ait iamais manié le Sceptre de la France, & les applaudissemēts vniuersels de tout le mōde, tesmoignēt assez le merite de cette action, & esleuent iusques aux cieux ce braue & genereux courage qui en a esté la principale cause.

Cela en effect, (Messieurs) l'auroit excedé la croyance, & aurions eu bien de la peine à ne point desmentir nos yeux, si les actions precedentes ne nous eussent desia disposez à tout croire de ce guerrier incomparable, qui a tousiours rendu possible l'impossible, & hors de toute sorte d'apparence; en trois occasions signalées a fait trois coups de parties. En la premiere il a sauué vne des plus notables Prouinces de la France de l'inuasion Angloise, en les chassant honteusement de l'Isle de Ré : En quoy certes on peut dire qu'il a aucunement plus fait que les Martyrs, les plus belles & vermeilles roses du Christianisme, & les plus nobles fleurons de la Couronne de Iesus-Christ. Car si ceux-ci ont sacrifié leurs vies pour honorer leur Dieu, luy gayement & genereusement a exposé la sienne pour la faire perdre à ceux qui ne se seruoient de la vie que pour en deshonorer l'autheur. En la seconde il a deliuré l'Italie de l'oppreſſion Eſpagnole & Alemande, leur faiſant laſcher priſe, & les contraignant de leuer le ſiege de deuant la Citadelle de Cazal, dont deſia ils partageoient les deſpouilles. En la troiſieſme il a ſauué la France, attaquée par elle meſme, & par vne legere ſeignée l'a miſe en eſtat de receuoir guariſon.

Apres cela arreſtez-vous à rapporter (ce qui toutesfois paſſeroit pour merueille en beaucoup d'autres) tous les autres exploits memorables, par leſquels ſon courage s'eſt ſignalé en toutes les guerres & remuëments qui ſe ſont paſſez de noſtre âge. Ie m'y eſtendrois volontiers, ſi ie ne ſçauois aſſeurément qu'il n'y a perſonne, non ſeulement en ce lieu, mais en toute la France, s'il a quelque experience du paſſé, ou quelque cognoiſſance de nos hiſtoires, qui les puiſſe ignorer.

Il ne me ſeroit pas mal-aiſé de produire encore, aujourd'huy des teſmoings ſans reproche, de cette action glorieuſe qu'il fiſt au ſiege d'Amiens, ſous le commandement du feu Mareſchal de Biron, où il ſe meſla ſi auant auec les ennemis, qu'il y laiſſa ſa taſſette, tandis que les Eſpagnols laiſſoient la vie ſous le tranchant de ſon eſpée: exploit que ce grãd & renommé Capitaine Eſpagnol Arnentel ayant remarqué de ſes propres yeux, deſireux de cognoiſtre le nom de celuy, dont il n'auoit que trop recogneu la valeur aux deſpens de la vie des ſiens, renuoya cette taſſette audit ſieur Mareſchal, pour eſtre renduë à ce jeune guerrier, en tesmoignage de l'estime qu'il faisoit de son courage, & pour en apprendre le nom.

L'enuie, qui comme vne mousche cantaride a de coustume de s'attacher aux plus belles fleurs pour les perdre, n'a peu estouffer la gloire qu'il s'acquist en Sauoye, auec les trouppes qu'il auoit leuées en Allemagne par le commandement du Roy pour secourir Versel, où faisant la charge de Mareschal de camp, il prist de force Francon, Norme & Felicien qui fut bruslé.

Le Roy mesme, qui s'est tousjours serui de ses conseils & de ses armes en tous les troubles que nous auons veus depuis dixhuict ou tant d'années, n'a garde de desnier les tesmoignages honorables qui sont deus à ses vertus ; il sçait & publie assez les bons effects que produirent ses conseils, & les grands deuoirs qu'il rendit dans les armées au siege de Caën, en la desroute du pont de Cée, en tout le voyage de Bearn, qu'il opiniastra seul, non seulement contre l'aduis de tout le monde, mais contre la resolution qui auoit esté prise de retourner à Paris, & la premiere Chambre du Roy estant desia partie : au siege de sainct Iean d'Angeli & de Clerac, où lors par commission il commença d'exercer la charge de grād-Maistre de l'Artillerie : de Montauban ; à la prise de Monheur ; en la deffaite du sieur de Soubize en l'Isle de Ré ; entreprise aussi faite par ſon ſeul aduis, de laquelle ſuiuirent les priſes de Royan, de Negrepliſſe, de ſainct-Anthonin, du Lunel, Aimarques, Marſillargues, Sommiere, & la reduction de Montpellier.

Les ombres ne ſeruẽt qu'à faire eſclatter les couleurs, & la lumiere du Soleil n'eſt iamais plus brillante, que lors qu'elle ſe deſgage de la nuë qui la couuroit, l'ayant diſſipée par la pointe de ſes rayons. Iamais le Roy & la France n'ont plus viſiblement recognu la fidelité, la prudence, & le merite de ce grand homme, que lors qu'il ſembloit eclipſé par les nuages des caloinnies qui l'eſloignerent de la Cour & des affaires, mais non certes du cœur du Roy, lequel voyant au trauers de ces brouillards de meſdiſances, par lesquelles on auoit tasché de l'obscurcir; sa vertu plus lumineuse que le Soleil, vingt mois apres le fist rappeler auec toute sorte d'honneur, enuoyãt en poste le sieur de Broülly pour le querir à Duretal, où il fut remis dans le Conseil, & fait Ministre d'Estat, pour seconder ce grand Genie donné du ciel à la France en ce siecle de tant de confusions, pour appuyer de ses sages conseils les hautes & genereuses resolutions du plus grand Roy & inuincible courage qui ait iamais regné dedans la France. La charge de Super-intendant, qu'il auoit si purement & fidellemẽt exercée l'espace de trois ans & demy, luy fut offerte tout de nouueau, de laquelle il s'excusa auec toute sorte de respect, ne laissant pas pourtant d'y contribuer tout ce que le Roy pouuoit desirer de sa prudence & fidelité esprouuée, assistant à tous les conseils des Finances, voyant tous les estats de la Guerre & de l'Artillerie, & en reiglant les despences.

Sa vertu croissant de jour en jour, tiroit aussi des mains de la justice du Roy de temps en tẽps nouuelles recompenses; à moins d'vn an apres son retour le baston de Mareschal de France luy fut donné, auec ce tesmoignage d'honneur particulier, que le Roy l'appeloit assez ordinairement son Mareschal, comme les Catholiques le Mareschal de la Foy, pour les seruices signalez qu'il auoit rendus à l'Eglise, tant à la Rochelle, & au Languedoc, qu'en toutes les autres guerres & entreprises contre les ennemis des Autels, & les rebelles à leur Prince.

Il est vray que la multitude me confond, & m'a fait oublier la plus illustre & glorieuse action qui ait peut-estre esté executée depuis plusieurs siecles, & qui en effect tiendroit du Roman, si elle ne s'estoit passée de nostre âge, & à la veuë de toute la France; ce fut en l'année 1615. où assisté seulement de 60. Gentils-hommes volontaires, & 50. Carabins, il força dans leurs logemens 1200. hommes de pied, & 500. Carabins au bas Limousin; & par ce coup diuertit l'orage de 4000. hommes, qui s'assembloient pour s'opposer aux desseins de sa Majesté, & luy mena en ſuite 1200. Fantaſſins, 500. Carabins, & 500. Maiſtres.

Apres tant de choſes, & ſi glorieuſement exploictées, on aura peine de conſentir qu'il diſe auec noſtre diuin Apoſtre, *Bonum certamen certaui, curſum conſummaui, fidem ſeruaui.*

Trouuez bon (Meſſieurs) que ie faſſe vne petite tranſpoſition des mots, & que ie diſe au nom de noſtre braue guerrier, *Bonum certamen certaui, curſum conſummaui.* Ouy certes il a combatu le bon combat, parce qu'il a gardé la Foy; c'eſt à dire qu'il eſt demeuré conſtamment dans les deuoirs de la fidelité qu'il deuoit à ſon Roy, ſans que iamais on puiſſe dire, quelque ſouſleuement que nous ayons veu en la France, qu'il ait; ie ne diray pas donné la main aux factieux, mais mesme presté l'oreille à la moindre induction qu'on luy eust peu donner pour l'esloigner du seruice & de l'obeïssance qu'il deuoit à son Prince. Il sçauoit bien qu'il n'y pouuoit auoir de bon & legitime combat contre son Souuerain, quelque pretexte qu'on puisse prendre: puis que la Loy de Dieu attestée si solemnellement par sainct Paul, nous establit sous sa puissance, & nous rend dependans de toutes ses volontez, *Omnis anima potestatibus sublimioribus subdita sit*; c'estoit vne Heliotrope qui tournoit tousjours vers son Soleil, c'est à dire son Roy, Soleil vnique qui esclaire la France, & qui en la ronde du Zodiaque de son Estat nous fait voir vn doux Prin-

temps en la ſerenité de ſon viſage, vn chaud Eſté en l'ardeur de
ſon courage animé, vne Au-
tomne abondante aux fruicts de
ſa bonté Royale, & vn Hiuer
glacé aux chaſtimens de ſa Iuſti-
ce. Il ſçauoit que le Roy eſtoit
dans ſon Eſtat comme le cœur
dedans le corps: & que comme
le cœur eſtoit la ſource d'où de-
riue la vie par tout le corps, de
meſme le Roy eſtoit le principe
vital de toute ſa Monarchie. Et
que comme aux defaillances &
aux beſoins du cœur, nous voyõs
que toutes les parties ſe deſ-
pouillent de leurs eſprits, qu'elles luy enuoyent pour le ſouſte-
nir, & aiment mieux eſtre dans
la ſouffrance, que voir languir le
cœur; ſçachant que leur conſeruation depend de la ſienne, &

que se portant bien il les redressera & fortifiera par de nouuelles influences de ses esprits vitaux ; les yeux s'obscurcissent, l'aureille n'entend plus, les mains panchent nonchalamment vers la terre, & tout le corps demeure sans mouuement, tandis que le cœur vit & respire à la faueur de ce nouueau secours. Tout de mesme nostre feu Mareschal aux premieres apparences des necessitez du Roy & du Royaume (poussé par ce juste sentiment de preferer le bien public, enfermé en la conseruation de la Majesté Royale, au bien particulier) portoit non seulement ses conseils & ses armes (qui ont tousiours marché de pas esgal, aussi prest d'executer ses conseils comme il auoit esté de les donner) mais ses biens, son credit, sa person-ne, & sa propre vie. C'est auoir esté vray François, & Mareschal de France à juste droit, que d'a-uoir vescu de la sorte, & d'estre mort en cette fidelité, pour pou-uoir dire, *Bonum certamen certaui, fidem seruaui, cursum consummaui.* Dieu cette parole m'occupe l'esprit, & r'ouure vostre playe, *i'ay consommé ma course.* Peut-estre qu'vn esprit plus temeraire, & moins submis que le mien aux decrets de la diuine Prouidence, prendroit sujet de s'esmouuoir & de se plaindre en quelque fa-çon de ses jugements. Qu'vn homme qui sembloit né pour l'immortalité, au moins que la vertu en auoit rendu digne; vn homme couuert de palmes & de lauriers, reuestu d'honneurs & de de dignitez que la main iuſte & liberale de ſon Maiſtre luy auoit conferez pour honorer ſa vertu, & teſmoigner à tout le monde la ſatisfaction qu'il auoit de ſa fidelité & de ſes ſeruices au milieu de tant de gloire, de tant d'applaudiſſements, de tant de biens trouuez, la mort qui en moins d'vn quart-d'heure luy fait perdre la iouïſſance de toutes ces choſes ſi iuſtement acquiſes à ſes merites. Qu'en dirai-je? qu'en penſez-vous? vne vie ſi precieuſe rauie en ſi peu de temps? perdre quaſi en vn moment la vie, celuy qui l'auoit conſeruée à tout le monde par les perils de la ſienne? O Prouidence que tu es diuine, que tu es admirable, & combien tes conſeils ſont difficiles à ſonder.

Dirai je sur le sujet de cette mort si prompte & si precipitée, qu'il est arriué à ce braue Heros, le mesme qui aduint autrefois à ce Champion natif de Crotonne, lequel ayant vaincu aux jeux solemnels de l'Olimpe, tumba roide mort aux pieds des Iuges qui le deuoient Couronner ? son cœur estoit si plain de joye & de rauissement, qu'il estoit insensible à toutes les atteintes de la mort. Ouy certes (Messieurs) ie le veux croire, que ceux qui meurent apres l'acheuement de quelque action glorieuse, ont fort peu de peine à mourir : & que la mort ne trouuant pas de grandes resistances en l'esprit de ce Guerrier accompli, comblé de joye d'auoir si dignement serui son Roy en vne occasion si importante, n'eut pas besoin de beaucoup de temps pour faire son coup. Aussi pour dire le vray, tous ces honneurs, ces charges, & ces richesses, bien que considerables aux yeux des hommes, & marques asseurez de l'affection de son Maistre en son endroit, estoient neantmoins vne trop basse & trop legere recompense pour vne vertu, laquelle venant de Dieu & du ciel ne pouuoit estre dignement recognuë que par la possession de Dieu mesme, & de la gloire qu'il communique aux siens dans le ciel. C'est pourquoy plainement satisfait de ses seruices, il n'en veut pas differer plus long-temps le payement; mais par vne mort prompte le tire de la terre pour le porter au ciel, l'arrache des miſeres de cette vie pour l'eſleuer au bonheur de l'immortalité : prompte ie dis, mais nullement impreueuë. Ce ſont les deux choſes que nous demandons à Dieu dans les prieres publiques de l'Egliſe, *à ſubitanea & improuiſa morte, libera nos Domine.* Qu'elle ſoit prompte il n'y a pas grand mal, au contraire il ſemble que ce ſoit faueur ; car c'eſt en abreger la peine pour haſter le repos : mais qu'elle ſoit impreueuë, c'eſt l'extremité du malheur. Il en va de la mort comme du Baſilic ; ſi le premier il vous regarde, il vous tuë, mais ſi vous l'enuiſagez le premier, vous luy donnez la mort : de meſme ſi vous eſtes ſurpris par la mort, & qu'elle vienne à vous ſans que vous l'ayez preueuë, elle vous fera mourir, non de cette premiere mort qui est fort peu de chose, & passe en vn moment, mais de cette seconde qui s'estend à l'eternité. Si au contraire vous estes le premier à l'enuisager; si vous la preuenez par la pensée, si vous allez à elle de front auec preparation, vous la mettez à nud, luy faites choir les armes des poings, la rendez impuissante de vous nuire; que disie comme vne captiue de vostre vertu la faites seruir à vos desseins, la contraignant malgré elle de vous estre vne planche à l'immortelle vie.

Ce grand & judicieux personnage pour lequel nous sommes ici assemblez, qui est le sujet principal de ce funebre discours, & la cause de nos larmes, mais dont le bonheur & la gloire doiuent estre le veritable motif de nostre consolation, auoit trop bien conceu ce secret pour se laisser surprendre par la mort. Cet homme de prudence, lequel en toutes ses affaires preuoyoient iusques aux moindres petites circonstances qui en pouuoient retarder l'auancement, encore que la rencontre en fust fort incertaine ; n'auoit garde d'estre sans preuoyance pour vne chose dont le succez regardoit l'eternité de son bonheur ou de sa misere, & dont l'effect ne se pouuoit euiter, qui est la mort. Il cognoissoit trop bien la condition de cette vie pour ne sçauoir qu'il n'y estoit entré qu'à la charge de l'acquiter par la mort. Voire plus, que la suitte de la vie n'estoit autre chose qu'vne continuation de mort, que nous mourions en naissant, & trouuions nostre fin dedans nostre origine, *Nascentes morimur finisque ab origine pendet*: que comme parle sainct Augustin, *Vita nostra, vita fragilis, vita caduca, quæ quantò magis crescit, tantò magis decrescit, quantò magis procedit, tantò magis ad mortem accedit*; Que nostre vie n'estoit pas seulement vn verre en fragilité, aussi Dieu nous fist-il de la mesme façon qu'on fait les verres en soufflant, *insufflauit in faciem eius spiraculum vitæ*: non seulement vne fleur en caducité, fleur qui esclose au poindre du Soleil est emportée par la premiere bize, mais vn voyage continuel que nous faisons à la mort, qui est d'autant plus proche, que nous auons plus fait de chemin dans la vie.

Le visage donc de la mort ne luy pouuoit estre nouueau & estranger, puis qu'il l'auoit tousjours porté dans la pensée, ses approches ne le pouuoient pas estonner, puis qu'il l'auoit tousjours regardée ; & si en la plus grande vigueur de sa vie il auoit bien conceu qu'elle n'estoit autre chose qu'vne suite de mort, (comme ie viens de vous monstrer) & que comme le dernier sable qui tombe de l'orloge ne fait pas l'heure, mais en marque la fin ; de mesme le dernier souspir de la vie ne fait pas la mort, mais marque la fin de l'vne & l'autre : c'est à dire qu'en cessant de mourir nous cessons de viure. A plus forte raison depuis cette longue & langoureuſe maladie, (eſfect des grands & infatigables trauaux où il auoit abandonné ſon corps pour le ſeruice de ſon Maiſtre) il ne contoit le reſte de ſa vie que comme vne derniere main de la mort, qu'il voyoit bien eſtre prochaine, comme luy-meſme le teſmoigna à quantité de ſes amis & domeſtiques. Il eſt donc mort tout debout, pour dire qu'il vouloit mourir en Capitaine, il eſt mort tout viuant, pour monſtrer qu'il ne mouroit que pour l'immortalité. Il n'eſtoit pas comme les Batteliers qui tournent le dos au lieu où ils abordent. Il ſe ſentoit mourir tout doucement, & cõme il n'auoit point apris de deſtourner ſa face de la mort aux plus grands dangers de la guerre, il n'auoit garde de luy tourner les espaules en cette derniere attaque, où il l'attendoit de pied coy.

La belle vie aussi qu'il a menée, tant de vertus Chrestiennes qu'il y a fait reluire, nous font assez juger s'il pensoit à la mort, cette grande douceur qui luy gaignoit les cœurs de tout le monde, cette charité si ample & si reglée, & qu'il auoit de coustume de redoubler lors qu'il se recognoissoit auoir receu de Dieu quelque nouuelle grace, estoient autant de preparations à la mort. Pour ce qui est de sa clemence vers ceux dont il auoit receu quelque mauuais office, n'attendez pas que i'en parle, les mesmes qui l'ont esprouuée ce sont chargez de cette partie de nostre funebre discours, & m'ont hautement soustenu qu'il n'appartenoit d'en parler qu'à ceux qui en auoient fait l'experience, parce qu'elle tenoit de la Diuinité, qui ne se recognoist que par ses effects. Car de pouuoir destruire ses ennemis, & ne le pas faire, ne peut appartenir qu'à vne auctorité tres-grande qui s'abstient de son pouuoir: les accueillir pour leur faire du bien, ne peut partir que d'vne vertu tres-bonne, & qui ne demande qu'à se communiquer ; mais leur gaigner le cœur par la clemence (comme il faisoit,) & les changer en ses amis, appartient proprement à vne volonté puissante qui le sçait faire: si bien qu'elle comprend ensemble le pouuoir, le vouloir, & le sçauoir, qui sont tous les trois principales grandeurs que nous professons en Dieu dans le symbole, le recognoissant pour Dieu qui sçait tout, ἀπὸ τοῦ θεᾶσθαι : pour Pere qui veut tout, & pour tout-Puissant, qui peut faire bien à ses creatures, mesme à celles qui le meritent moins, *Credo in Deum Patrem omnipotentem.* N'y ayant en effect rien de plus sage que de sçauoir, rien de meilleur que de vouloir, & rien de plus grand que de pouuoir bien faire, notamment à ses ennemis : parce que le bien fait est d'autant plus consideré que le sujet qui le reçoit en dõne moins d'occasion, & qu'il ne peut estre rapporté qu'à la bonté & clemence de celuy qui le fait.

Pour sa pieté enuers Dieu il seroit superflu de s'y estendre, ſes domeſtiques, & tous ceux qui ont eu l'honneur de l'approcher, ſont teſmoins des ſoins qu'il prenoit ſoir & matin & à toutes heures de ſe jetter en terre pour adorer cette viuante & regnante Majeſté qui gouuerne le monde, luy rendre ſes hommages, recognoiſtre ſes bienfaits, luy offrir ſes ſeruices. Il n'y auoit rien de plus humble & plus touché que luy en ſes Confeſſions, rien de plus zelé & ardent en ſes Communions, rien de plus attentif à la Predication, donnant auec vn gouſt du tout particulier, l'aureille à la parole de Dieu, l'eſprit à ſes inſpirations, le cœur au mouuement de la grace, qui luy faiſoit eſtendre ſes ſouſpirs comme les feuilles, eſclore ſes deſirs comme les fleurs, & produire ses actions comme les fruicts: bref le tenoit tellement au milieu des delices & appas de la terre, que comme vne plante genereuse il se tournoit continuellement vers le ciel.

Toutes ces choses n'estoient-elles pas vne continuelle disposition à la mort, & cette disposition vn gage de l'immortalité seule, digne recompense de ses merites? *Bonum certamen certaui, fidem seruaui, cursum consummaui:* que suit-il? *in reliquo reposita est mihi corona iustitiæ, quam reddet mihi in illa die iustus Iudex.* Voyez s'il vous plaist comme vn mesme poinct, qui est celuy de la mort, lie l'affliction & la consolation par ensemble: puis qu'elle fait la planche pour passer de cette vie, dont la priuation cause nostre tristesse, à l'immortalité qui doit estre l'object de nostre contentement.

In reliquo reposita est, la gloire des belles actions ne se mesure pas de leur commencement, mais de leur fin, & la valeur n'est pas couronnée qui demeure en chemin, *Vincenti dabo manna absconditum, & nomen nouum*; *à celuy qui sera victorieux ie donneray vne mane cachée, & vn nom nouueau.* Les Septante ont tourné *Victori*: c'est à dire que cette mane cachée, ce nom nouueau, cette couronne de felicité & de gloire ne se donne qu'à celuy qui est actuellement victorieux; ce qui n'est qu'à la fin du combat, auant laquelle la victoire balance, & est souuent arrachée des mains de celuy, qu'on eust jugé selon les apparences, la deuoir infailliblement remporter, d'où vient le tiltre si frequent dans les Psalmes, *victori in finem, au victorieux en la fin* : comme s'il n'y auoit point de veritable victoire, que celle que donne la fin & la conclusion au combat de la vie, *in reliquo reposita est mihi corona iustitiæ, &c.*

L'on ne juge pas de l'an par la premiere journée, ny de la journée par la premiere heure, ny des actions par l'entrée, il faut attendre le bout de l'an, le soir de la journée, & la consommation de l'œuure. Les pommes de Grenades qui seules de tous les fruicts naissent couronnées, ne s'attachoient qu'aux derniers bouts & franges de la robbe Sacerdotale

cerdotale du grand Prestre; pour dire que la gloire & la couronne d'immortalité, qui est le prix de nos trauaux & de nos combats, ne se donne qu'à la fin & extremité de la vie, *in reliquo reposita est mihi corona iustitiæ.* Tous ceux qui courent en la quarriere (dit nostre mesme Oracle) n'emportent pas le prix, *omnes in stadio currunt; sed non omnes accipiunt brauium*; parce que beaucoup defaillent en chemin, *sic currite vt comprehendatis*, *courez de telle sorte*, adiouste-il, *que vous preniez: sic*; c'est à dire auec courage & perseuerance iusqu'à la fin. Ce qu'il declare encore fort clairement au 2. des Romains, texte fort conuenable à nostre sujet, quand il dit, *qu'à ceux qui auec patience & perseuerance dedans les bel-*

les & genereuſes actions n'auront recherché (comme ce grand Mareſchal de qui ie parle) *que l'honneur, la gloire & l'immortalité, Dieu leur rendra la vie eternelle*, dedans laquelle toutes ces choſes enfermées, *iis autem qui ſecundùm patientiam boni operis, gloriam, honorem, & immortalitatem quærunt, vitam æternam.* Iacob qui ſignifie luiteur & combattant, changea de nom, & fut appelé Iſraël, *voyant Dieu*; parce qu'il auoit combatu iuſques à la fin de la nuict, & au leuer de l'aurore, *dimitte me, aurora eſt.* Diſons qu'il auoit combatu iuſqu'à Iacob; c'eſt à dire iuſques à l'extremité, tirant ~~Iſraël~~ de la racine Hebraïque עקב. Et ainſi auoit merité la recompenſe que le meſme nom de Iacob ſignifié au 7. du Deuteronome. Ainſi noſtre Guerrier incomparable ayant eſté comme vn Iacob iuſques à la fin; c'eſt à dire ayant par tout le cours de ſa vie iuſqu'à ſa mort, courageuſement combatu les ennemis de ſon Maiſtre, comme François en la milice Politique, & ceux de ſon ſalut, comme Chreſtien en la milice Chreſtienne; que nous reſte-il à juger, ſinon qu'il eſt maintenant vn Iſraël, joüiſſant de la veuë de Dieu, noſtre derniere & ſouueraine recompenſe, *Bonum certamen certaui, fidem ſeruaui, curſum conſummaui: in reliquo repoſita eſt mihi corona iuſtitiæ.*

Belle ame qui en joüiſſez maintenant: (car cette belle & innocente vie que vous auez menée nous le fait eſperer) vous en ſçauez le prix, dont nous ne ſçauriõs parler qu'en begayant; parce qu'il eſt au deſſus de noſtre intelligence. *Oculus non vidit, auris non audiuit, & in cor hominis non aſcendit quæ præparauit Deus diligentibus ſe*: Qu'en dites-vous? ſinon ce qu'en diſoit noſtre diuin & incomparable ſainct Paul, *Hoc leue & momentaneum tribulationis noſtræ, ſupra modum in ſublimitate, æternum gloriæ pondus operatur in nobis*; ce moment ſi leger de voſtre vie, ce poinct indiuiſible, qui ne fait que couler, cette mort ſi prompte qui a fini vos jours & vos trauaux, opere plus qu'on ne ſçauroit imaginer en ſublimité, vn poids d'eternité en la gloire: le poids, pour la legereté, & l'eternité pour le moment, n'eſt-ce pas vne commutation auantageuſe? *Exiſtimo ego quòd non ſunt condignæ paßiones huius temporis ad futurum gloriam quæ reuelabitur in nobis*: Si vous desirez apprendre mon sentiment de la grandeur de ce bonheur que ie possede, ie vous diray auec verité, qu'il est tel & si grand, que tout ce qui se peut donner de peine & de trauail pour l'acquerir, n'a rien qui en approche.

Mais ie m'emporte en ces extases, & m'abandonne trop à ces transports. L'heure est passée, & il me semble que ie ne fais que commencer. Ne le trouuez pas estrange, (Messieurs) vne heure est trop courte pour vn sujet si estendu: & la loüange d'vn si petit espace ne suffit pas pour vne vertu, dont la durée esgalera l'eternité. C'est à elle de la loüer, puis qu'elle en doit porter les tesmoignages.

Pour moy i'ay fait ce que i'ay deu, parce que i'ay fait ce que i'ay peu. Si la foiblesse de mes loüanges raualé la gloire de ses vertus, prenez-vous en à vous mesme (M.) qui m'y a-uez engagé par cette auctorité absolue que vous auez dessus mes volontez. Mon excuse se trouue juste dans mon obeïssance, qui a bien en effect ce malheur, qu'estant aueugle on la traine où l'on veut, & fort souuent au delà de ses forces: mais elle a aussi ce bonheur de ne respondre point de ses actions, & d'en laisser la guarantie à l'auctorité de ceux qui luy ont commandé. Elle est aussi tres-legitime dans l'eminence du sujet qui m'a esté donné, lequel s'il eust esté moins loüable, m'eust peut-estre aussi laissé plus de moyen de le loüer : mais me presentant plus de matiere de le loüer, que ie n'ay peu fournir de loüanges, ie demeure arresté, & pour honorer sa vertu suis contraint d'auoüer, que toute ma capacité est incapable de la publier, & que la grandeur de son merite pourroit rendre incroyable la verité mesme de mes loüanges.

Le ciel qui l'a voulu couronner adioustera à cette remuneration la loüange, puis que surmonté par sa propre grandeur, ie suis forcé de me taire, quand i'aurois plus d'enuie de parler sur ce sujet, où plutost parce que le sujet est trop riche pour l'enrichir de mes loüanges.

Cependant (Messieurs) puis

que la vie de ce grand homme a esté si vtile à tout le monde, tâchons auant que de faire la fin de ce discours de profiter de son trespas. Vn homme plein de biens, d'honneurs, de gloire, & plus que tout cela, de vertus eminentes & heroïques, en vn quart-d'heure nous est enleué par la mort; ne luy restant pour tous biens que la gloire qu'il a laissée à sa memoire dessus la terre, par les belles & genereuses actions qu'il a faites en viuant, & celle qui s'est acquise pour luy dans le ciel, en suite des vertus Chrestiennes qu'il a ici-bas pratiquées. C'est cette tumbe qui vous parle (Messieurs,) ce sont ces cendres inanimées qui se raniment de la charité pour vous instruire. Qu'en tirerez-vous?

ſinon vn grand meſpris de cette vie, & de toutes les choſes qui ont de couſtume de nous y flatter, & enfler nos courages: puis que toutes ces grandeurs, cet eſclat, cette pompe, ſeront reduites à huict pieds de terre pour le plus; & cela peut-eſtre à l'heure que vous y penſerez le moins, & que vous ne moiſſonnerez en l'eternité que les fruicts des vertus & bonnes actions, dont vous aurez jetté les ſemences pendant le temps de cette vie.

Il n'eſt pas en vous d'eſtre exempts de la mort; parce que c'eſt vne loy & vne ſentence generale prononcée contre toutes ſortes de perſonnes par le Greffier de Dieu, l'incomparable ſainct Paul, dont le Fils de Dieu meſme, qui eſt la fontaine de vie, n'a pas voulu estre exempté, *Statutum est omnibus semel mori:* mais il est bien en vous de vous rendre cette necessité auantageuse, viuant de telle sorte, que la mort vous serue de planche à l'immortalité.

Il n'est pas en vous que vous ne soyez mortels, parce que vous portez en vostre corps le genre de la mort, & de la corruption, qui est le meslange des elements, & qualitez contraires, & en vostre ame auez conceu ce monstre qui a fait naistre la mort; sçauoir est le peché: mais il est en vous apres auoir fait mourir le peché, de faire que vostre corps se corrompant en la terre, deuienne vne semence de l'incorruption & de la gloire: selon le langage de sainct Paul,

Seminatur in corruptione, ſurget in incorruptione.

Il n'eſt pas en vous de ſçauoir ponctuellement le lieu où la mort vous attend, mais il eſt bien en voſtre prudence de l'attendre en tout lieu.

Il n'eſt pas en vous que la mort ne vous prenne à l'heure & inſtant deſigné par la diuine Prouidence; mais il eſt bien en vous qu'elle ne vous ſurprenne point.

Il n'eſt pas en vous de preuoir preciſément le temps qu'elle fera ſon coup; mais il eſt bien en vous de vous tenir preſt en tout temps, & chaque moment vous diſpoſer comme ſi c'eſtoit le dernier de voſtre vie.

Et puis que toutes les horloges vous aduertiſſent de toutes les heures (comme celle-cy m'a desia aduerti il y a longtemps de faire la conclusion de ce discours) hors-mis de celle de vostre trespas, faites-la souuent sonner à vostre conscience, selon l'aduis de nostre souuerain Seigneur & Maistre Iesus-Christ, parlant à ses Apostres, & par eux à nous tous, *vigilate & orate, veillez & priez.* C'est le moyen de suiure cette belle ame au sejour de felicité, où elle vous attend pour se conjouïr de vostre gloire, comme vous l'auez honorée par l'imitation de ses vertus. Ainsi soit-il.

Signé Baudouyn

Tracon

oraison funebre sur
la mort de monseigneur
le marreschal de Scomberg

Prononcée en l'eglise du
prieuré de narthail le
jour de son enterrement

faict par M. dabra
dracomis docteur en teolo
conseiller et predicateur
de leurs Maiestés

signé
Baudouyn

www.ingramcontent.com/pod-product-compliance
Lightning Source LLC
LaVergne TN
LVHW020406230826
846091LV00004B/1167

9782013457736